はじめに

　本書を手に取っていただき、ありがとうございます。
　この本は、ハングルを書けるようになりたい方に、一番最初に手に取ってもらいたい一冊です。
　韓国でも大人気のハローキティ、シナモン、クロミなどのサンリオキャラクターたちと一緒に、韓国語の文字「ハングル」の読み方、書き方を理解し、簡単なフレーズを使えるようになるために作られた、スタートブックの1冊です。
　本書は、初めて韓国語を学ばれる方がハングル文字の書き方を正しく身につけていただけるように、簡潔に分かりやすく解説することを心がけました。「ハングル」は表音文字なので、書くことは正しい発音を身につけることにつながります。すでに学習したことのある方も、このテキストでぜひ復習してみてください。かわいいキャラクターたちと一緒に学びましょう。
　最近はK-POPだけでなく、ドラマや映画など韓国のエンターテインメントが世界的に注目され、それに伴って、彼らが話す言葉を理解したい、自分も話したいと、韓国語への関心も高まってきています。そして、実際に韓国へ旅行に行ったり、韓国人と友達になったりする機会も増えてきています。隣国の言葉を学び文化を理解することは、両国の相互理解を深めることだと思います。韓国語教育に携わるものとして、こうした流れは大変うれしいことです。
　哲学者ルートヴィヒ・ヴィトゲンシュタインは「私の言語の限界が、私の世界の限界を意味する」と言いました。言語を学ぶことは、自身の世界や可能性を広げることになるということです。
　本書が、韓国語を学ぼうとしている方々の手に触れられて、新しい世界への扉を開くお手伝いができたらと心から願っています。

丹羽裕美

本書の使い方

本書は、ハングルを書けるようになるための一冊です。
ハングルの子音と母音を紹介しており、主に「子音を書くページ」と「おさらいページ」にわかれています。

子音を書くページ

❶ このページで学ぶ子音を紹介しています。
❷ 母音を組み合わせると、どのような形や発音になるのかを示しています。
❸ 子音を書く練習をするマスが3つあります。1つ目のマスで書き順をおさえて、ハングルを3回書いてみましょう。
❹ このトラック番号で、該当の子音に関連する単語の音声を再生できます。

おさらいページ

❶ それまでのページで勉強したハングルを使った単語を書いてみる枠が9つあります。灰色の線をなぞりながら書き方をおさらいしましょう。

❷ 日本語の意味を掲載しています。

音声について

本書に掲載されている単語やフレーズの音声が収録されています。お使いの端末に応じて、以下の手順でご利用ください。

▶スマホやタブレットをお使いの方
①右の二次元コードを読み取るか、URLにアクセスして、音声再生アプリ「my-oto-mo（マイオトモ）」をダウンロードしてください。
②アプリを立ち上げて『サンリオキャラクターズと韓国語スタートブック ハングルを書けるようになろう！』を選択してください。

▶パソコンをお使いの方
①右のURLにアクセスして、ページ下部にある【語学・検定】の『サンリオキャラクターズと韓国語スタートブック ハングルを書けるようになろう！』のリンクをクリックし、zipファイルをダウンロードしてください。
②ファイルを解凍してください。音声番号ごとにmp3ファイルが収録されています。再生するには、Windows Media PlayerやiTunesなどの再生ソフトが必要です。

https://gakken-ep.jp/extra/myotomo/

(注意事項)
・お客さまのネット環境やご利用の端末により、音声の再生やアプリの利用ができない場合、当社は責任を負いかねます。
・アプリは無料ですが、通信料はお客さまのご負担になります。

本書では、はじめて韓国語を学ぶ方のため、ハングルの単語やフレーズにカタカナの読み方を示してあります。ネイティブスピーカーの発音に近づけるように表記を工夫していますが、正確に表すことには限度があります。あくまで目安としてとらえ、音声を聞いて正しい発音をご確認ください。

005

目次

はじめに ·········· 003
本書の使い方 ·········· 004
目次 ·········· 006
この本に登場する主なサンリオキャラクターズ ·········· 008

CHAPTER 1　韓国語の基本

ハングル文字のしくみ ·········· 012
母音字 ·········· 014

CHAPTER 2　子音字を書いてみよう①（鼻音、流音）

子音字（鼻音）ㄴ [n] ·········· 018
ㄴの単語を書いてみよう ·········· 021
子音字（鼻音）ㅁ [m] ·········· 022
ㅁの単語を書いてみよう ·········· 025
子音字（流音）ㄹ [r] ·········· 026
ㄹの単語を書いてみよう ·········· 029
鼻音のパッチム ·········· 030
流音のパッチム ·········· 036
鼻音と流音のパッチムの単語を書いてみよう ·········· 038

CHAPTER 3　子音字を書いてみよう②（平音）

子音字（平音）ㄱ [k/g] ·········· 040
ㄱの単語を書いてみよう ·········· 043
子音字（平音）ㄷ [t/d] ·········· 044
ㄷの単語を書いてみよう ·········· 047
子音字（平音）ㅂ [p/b] ·········· 048
ㅂの単語を書いてみよう ·········· 051
子音字（平音）ㅅ [s] ·········· 052
ㅅの単語を書いてみよう ·········· 055
子音字（平音）ㅈ [tʃ/dʒ] ·········· 056
ㅈの単語を書いてみよう ·········· 059
子音字（平音）ㅎ [h] ·········· 060
ㅎの単語を書いてみよう ·········· 063

【チャレンジ】サンリオキャラクターズを
ハングルで書いてみよう！ ……… 064

CHAPTER 4　子音字を書いてみよう③（激音、濃音）

子音字（激音）ㅋ [kʰ] ……… 066
ㅋの単語を書いてみよう ……… 069
子音字（激音）ㅌ [tʰ] ……… 070
ㅌの単語を書いてみよう ……… 073
子音字（激音）ㅍ [pʰ] ……… 074
ㅍの単語を書いてみよう ……… 077
子音字（激音）ㅊ [tʃʰ] ……… 078
ㅊの単語を書いてみよう ……… 081
子音字（濃音）ㄲ [ʔk] ……… 082
ㄲの単語を書いてみよう ……… 085
子音字（濃音）ㄸ [ʔt] ……… 086
ㄸの単語を書いてみよう ……… 089
子音字（濃音）ㅃ [ʔp] ……… 090
ㅃの単語を書いてみよう ……… 093
子音字（濃音）ㅆ [ʔs] ……… 094
ㅆの単語を書いてみよう ……… 097
子音字（濃音）ㅉ [ʔtʃ] ……… 098
ㅉ の単語を書いてみよう ……… 101
【チャレンジ】サンリオキャラクターズを
ハングルで書いてみよう！ ……… 102

CHAPTER 5　複合母音字を書いてみよう

複合母音字 ……… 104
複合母音字の単語を書いてみよう ……… 107
【チャレンジ】サンリオキャラクターズを
ハングルで書いてみよう！ ……… 108

CHAPTER 6　パッチムを書いてみよう

詰まる（口音）パッチム ……… 110
口音のパッチムの単語を書いてみよう ……… 113
複合パッチム ……… 114
パッチムのまとめ ……… 115
日本語のハングル表記 ……… 116
「ハングル」の表 ……… 118

007

この本に登場する主な サンリオキャラクターズ

ハローキティ

 ハローキティ
 ミミィ
 パパ
 ママ
 おじいちゃん
 おばあちゃん

 ダニエル スター
 フィーフィー
 タイニーチャム
 ロッティ
 ジョーイ

シナモロール

 シナモン

 モカ
 みるく
 シフォン
 カプチーノ
 エスプレッソ

クロミ

 クロミ

 バク

マイメロディ

 マイメロディ
 ピアノちゃん
 フラットくん
 りすくん
 リズムくん

 おとうさん
 おかあさん
 おじいちゃん
 おばあちゃん

ポムポムプリン

 プリン
 マフィン

					ポチャッコ
ベーグル	パパ	ママ	おじいちゃん	おばあちゃん	ポチャッコ
ピーちゃんズ	ラビ	チョッピ	チュピ	ポンチ	ポップル

					ハンギョドン
プレーリーズ	レイチェル	トトラ	スイム	モグモグ	ハンギョドン

			けろけろけろっぴ		
さゆり	イタロー	おたまろ	けろっぴ	けろりーぬ	ノーベルン

					バッドばつ丸
キョロスケ	ガンタ	けろっぺ	てるてる	でんでん	ばつ丸

			タキシードサム		ぐでたま
グッドはな丸	伊集院パンダバ	ポチ	サム	チップ	ぐでたま

あひるのペックル			リトルツインスターズ		コロコロクリリン
ペックル	ピッチ・チャップ・ラン	チャラ	キキ	ララ	クリリン

ウィッシュミーメル	チャーミーキティ	マロンクリーム	チョコキャット	ぼんぼんりぼん	ルロロマニック
メル	チャーミー	マロンクリーム	チョコキャット	ぼんぼんりぼんちゃん	ベリー

	みんなのたあ坊	てのりくま	チアリーチャム		
チェリー	たあ坊	ラッテくん	チャム	ムー	プー

해 보자！…「やってみよう！」という意味を持つ言葉。新しいこと、苦手なことにチャレンジしようと思っている自分や友人に、エールを送る気持ちを伝えられるでしょう。

ハングル文字のしくみ

文字の構成

ハングル文字は、子音字が19個、母音字が21個、計40個を組み合わせます。

★ **基本母音字**

ㅏ ㅑ ㅓ ㅕ ㅗ ㅛ ㅜ ㅠ ㅡ ㅣ

★ **基本子音字**

ㄱ ㄴ ㄷ ㄹ ㅁ ㅂ ㅅ ㅇ ㅈ ㅊ ㅋ ㅌ ㅍ ㅎ

★ **複合母音字**

ㅐ ㅒ ㅔ ㅖ ㅘ ㅙ ㅚ ㅝ ㅞ ㅟ ㅢ

★ **複合子音字**

ㄲ ㄸ ㅃ ㅆ ㅉ

これらの子音字と母音字を組み合わせて、ローマ字のように1文字を構成します。

子音字 + 母音字

よこ型とたて型があります。

よこ型 母音字が ㅏ、ㅑ、ㅓ、ㅕ、ㅣ の場合、左に子音字を書きます。

たて型 母音字が ㅗ、ㅛ、ㅜ、ㅠ、ㅡ の場合、上に子音字を書きます。

| 子音字 | 母音字 |

| 子音字 |
| 母音字 |

例 ㅎ + ㅏ = 하
子音h　母音a　　ha

例 ㄱ + ㅜ = 구
子音k　母音u　　ku

子音字 + 母音字 + 子音字

よこ型とたて型の下に、子音字を書きます。この子音字を**パッチム**といいます。パッチム（받침）は「下敷」や「支え」という意味です。

よこ型
| 子音字 | 母音字 |
| 子音字（パッチム） |

たて型
| 子音字 |
| 母音字 |
| 子音字（パッチム） |

例 ㅎ + ㅏ + ㄴ = 한
子音h　母音a　子音n　han

例 ㄱ + ㅜ + ㄱ = 국
子音k　母音u　子音k　kuk

母音の音を書くときは○「イウン」という子音字を一緒に書きます。

TRACK 001

縦棒を書いてから横棒を書きます。

아 発音 a ア

書いてみよう！

縦棒を書いてから、横棒を2本書きます。

야 発音 ya ヤ

書いてみよう！

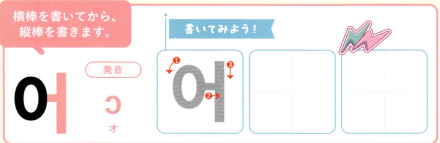

横棒を書いてから、縦棒を書きます。

어 発音 ɔ オ

書いてみよう！

014

ワンポイントアドバイス

ハングルは、上から下へ、左から右へ書くのが基本です。
ㅇ「イウン」は、上から左回りに書くようにしましょう。

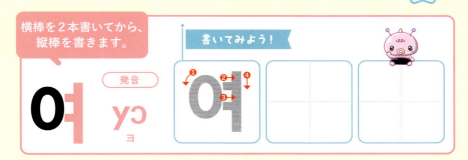

横棒を2本書いてから、縦棒を書きます。

縦棒を書いてから、横棒を書きます。

縦棒を2本書き、下の横棒を書きます。

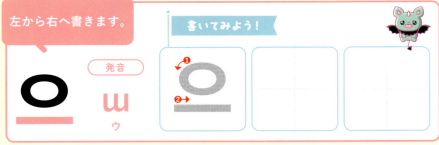

CHAPTER 2

子音字を書いてみよう①
（鼻音、流音）

ケン チャ ナ ヨ
괜찮아요 !

괜찮아요！…「大丈夫です！」や「大丈夫だよ！」という意味を持つ言葉。本当に大丈夫な場合だけでなく、相手の気持ちを思いやり、勇気づけたりする時にもよく用います。

ㄴ

子音字（鼻音）

発音 **n**

ナ行で発音する文字です。「ㄴ」を母音字と一緒に書いてみましょう。

🎵 TRACK 002

母音字「ㅏ(a)」と合わせると…

나　発音 **na**　ナ

書いてみよう！

母音字「ㅑ(ya)」と合わせると…

냐　発音 **nya**　ニャ

書いてみよう！

母音字「ㅓ(ɔ)」と合わせると…

너　発音 **nɔ**　ノ

書いてみよう！

018

ワンポイントアドバイス

手書きの場合、子音字が左にある、나、냐、너、녀、니は子音字と母音字をくっつけず少し間をあけましょう。子音字と母音字をくっつけて書く文字は、노と뇨のみです。

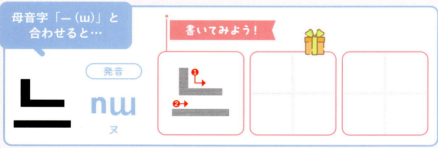

ㄴ の単語を書いてみよう！

🎵 TRACK 003

나라
ナラ

意味 国

| 나 | 라 |

라자냐
ラヂャニャ

意味 ラザニア

| 라 | 자 | 냐 |

너무
ノム

意味 あまりに、とても

| 너 | 무 |

마녀
マニョ

意味 魔女

| 마 | 녀 |

노래
ノレ

意味 歌

| 노 | 래 |

아뇨
アニョ

意味 いいえ

| 아 | 뇨 |

누나
ヌナ

意味 お姉さん（年下の男性から）

| 누 | 나 |

뉴스
ニュス

意味 ニュース

| 뉴 | 스 |

어느
オヌ

意味 どの

| 어 | 느 |

2 子音字を書いてみよう①（鼻音、流音）

021

ㅁ

発音 **m**

マ行で発音する文字です。「ㅁ」を母音字と一緒に書いてみましょう。

TRACK 004

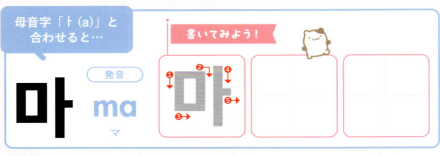

母音字「ㅏ(a)」と合わせると…

마 発音 **ma** マ

母音字「ㅑ(ya)」と合わせると…

먀 発音 **mya** ミャ

母音字「ㅓ(ɔ)」と合わせると…

머 発音 **mɔ** モ

022

ワンポイントアドバイス

手書きの場合、子音字が左にある**며**と**며**は、子音字と母音字をくっつけず少し間をあけましょう。子音字と母音字をくっつけて書く文字は、**모**と**묘**のみです。

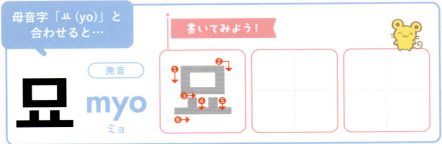

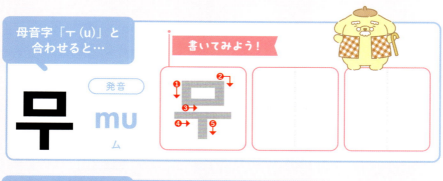
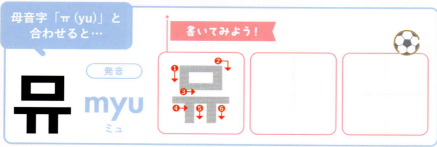
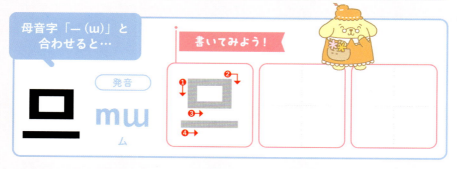
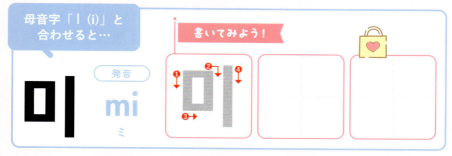

ㅁ の単語を書いてみよう

🎵 TRACK 005

마늘 マヌル	어머니 オモニ	머리 モリ
意味 にんにく	意味 お母さん	意味 頭、髪

마 | 늘   어 | 머 | 니   머 | 리

며칠 ミョチル	모자 モヂャ	묘사 ミョサ
意味 何日	意味 帽子	意味 描写

며 | 칠   모 | 자   묘 | 사

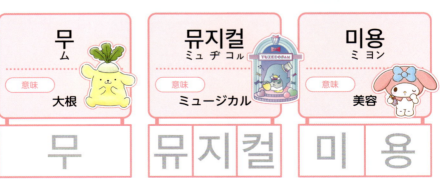

무 ム	뮤지컬 ミュヂコル	미용 ミヨン
意味 大根	意味 ミュージカル	意味 美容

무   뮤 | 지 | 컬   미 | 용

子音字(流音)

発音 r

ラ行で発音する文字です。「ㄹ」を母音字と一緒に書いてみましょう。

TRACK 006

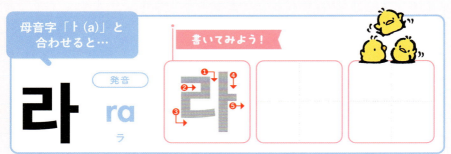

母音字「ㅏ(a)」と合わせると…

라 発音 ra ラ

書いてみよう！

母音字「ㅑ(ya)」と合わせると…

랴 発音 rya リャ

書いてみよう！

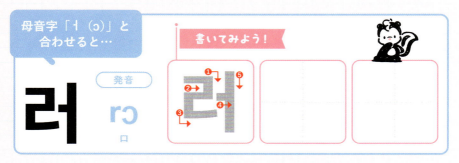

母音字「ㅓ(ɔ)」と合わせると…

러 発音 rɔ ロ

書いてみよう！

ワンポイントアドバイス

漢字の己に似ていますが、最後ははねません。子音字が左にある、**라、랴、러、려、리**は手書きの場合、子音字と母音字をくっつけず少し間をあけましょう。子音字と母音字をくっつけて書く文字は、**로**と**료**のみです。

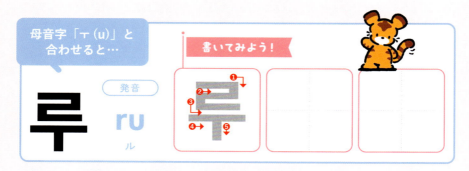

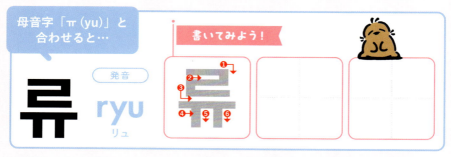

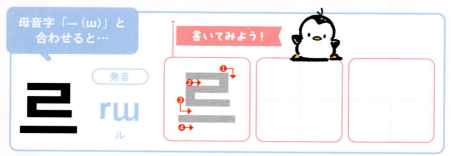

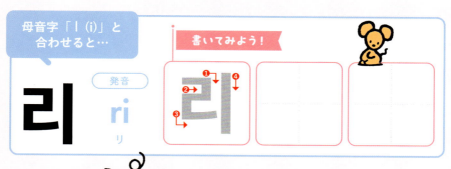

ㄹ の単語を書いてみよう

TRACK 007

라이브
ライブ
意味: ライブ

라이브

수량
スリャン
意味: 数量

수 량

달러
タルロ
意味: ドル

달 러

배려
ペリョ
意味: 配慮

배 려

로봇
ロボッ
意味: ロボット

로 봇

무료
ムリョ
意味: 無料

무 료

루비
ルビ
意味: ルビー

루 비

부르다
プルダ
意味: 歌う

부 르 다

우리
ウリ
意味: 私たち

우 리

2 子音字を書いてみよう①（鼻音、流音）

ㄴ

鼻音のパッチム

発音 **n**

「ㄴ」がパッチムの位置にくると「ン」の音になります。

TRACK 008

「아 (a)」と合わせると…

안 発音 **an** アン

書いてみよう！

「이 (i)」と合わせると…

인 発音 **in** イン

書いてみよう！

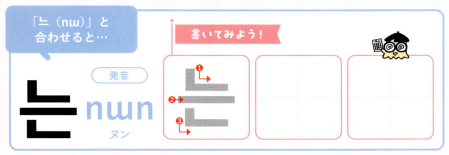

「으 (ɯ)」と合わせると…

는 発音 **nɯn** ヌン

書いてみよう！

030

ワンポイントアドバイス

「ㄴ」パッチム〔n〕は、日本語の「あんドーナッツ」の「アン」の音です。
唇をややあけた状態で、舌先を上歯の裏の歯茎につけて鼻から息を抜くように発音します。

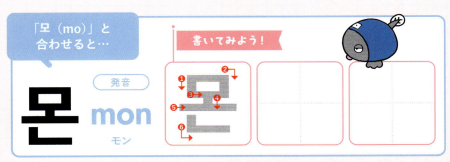

鼻音のパッチム

発音 **m**

「ㅁ」がパッチムの位置にくるとはっきり「ム (mu)」と言わず、口を閉じて「ム (m)」と発音します。

♪ TRACK 009

「아 (a)」と合わせると…

암 発音 **am** アム

書いてみよう！

「이 (i)」と合わせると…

임 発音 **im** イム

書いてみよう！

「으 (ɯ)」と合わせると…

음 発音 **nɯm** ヌム

書いてみよう！

032

ワンポイントアドバイス

「ㅁ」パッチム〔m〕は、日本語の「あんパン」の「ア
ム」の音です。
「ㅁ」は唇を軽く閉じて鼻から息を抜くように発
音します。

2 子音字を書いてみよう①（鼻音、流音）

「누（nu）」と合わせると…
눔 発音 num ヌム

「모（mo）」と合わせると…
몸 発音 mom モム

「러（rɔ）」と合わせると…
럼 発音 rɔm ロム

書いてみよう！

033

鼻音のパッチム

ㅇ 発音 ŋ

「ㅇ」がパッチムの位置にくると「ン」の音になります。

TRACK 010

「아 (a)」と合わせると…

앙 発音 aŋ アン

書いてみよう！

「이 (i)」と合わせると…

잉 発音 iŋ イン

書いてみよう！

「ㅡ (nɯ)」と合わせると…

응 発音 nɯŋ ヌン

書いてみよう！

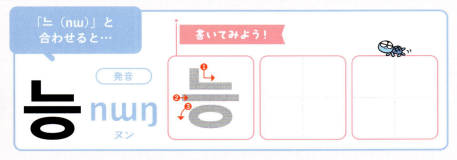

034

ワンポイントアドバイス

「ㅇ」パッチム〔ŋ〕は、日本語の「あんこ」の「アン」の音です。
唇、舌、歯のどこにも触れず喉から音を出すため、口の形は自然に開いたまま発音を終えます。

2 子音字を書いてみよう①（鼻音、流音）

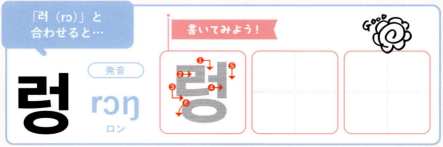

流音のパッチム

発音 l

「ㄹ」がパッチムの位置にくると英語のlの音になります。

TRACK 011

「아 (a)」と合わせると…

書いてみよう！

알 発音 al アル

「이 (i)」と合わせると…

書いてみよう！

일 発音 il イル

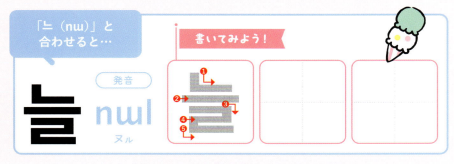

「으 (ɯ)」と合わせると…

書いてみよう！

늘 発音 nɯl ヌル

ワンポイントアドバイス

「ル、ル、ル」と発音してみましょう。舌が上あごの天井に触れてから離れますね。その離れた舌を、もとの位置に戻してつけたまま「ル」と息を出します。

2 子音字を書いてみよう①（鼻音、流音）

「누 (nu)」と合わせると…

눌 nul ヌル

「모 (mo)」と合わせると…

몰 mol モル

「러 (rɔ)」と合わせると…

럴 rɔl ロル

037

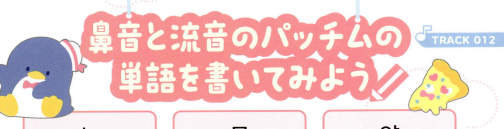

鼻音と流音のパッチムの単語を書いてみよう

🎵 TRACK 012

눈 ヌン	물 ムル	양 ヤン
意味 目	意味 水	意味 ひつじ
눈	물	양

몸 モム	열 ヨル	엄마 オムマ
意味 体	意味 熱	意味 ママ
몸	열	엄 마

만남 マンナム	일류 イルリュ	야옹 ヤ オン
意味 出会い	意味 一流	意味 ニャー（猫の鳴き声）
만 남	일 류	야 옹

CHAPTER 3
子音字を書いてみよう②
（平音）

자신감을 가져!…「自信をもって！」という意味を持つ言葉。자신감は直訳すると「自信感」ですが、「自信」という意味で用います。「自分を信じて！」と強く願う気持ちが伝わります。

子音字（자음）

発音 k/g

カ行（ガ行）で発音する文字です。「ㄱ」を母音字と一緒に書いてみましょう。

🎵 TRACK 013

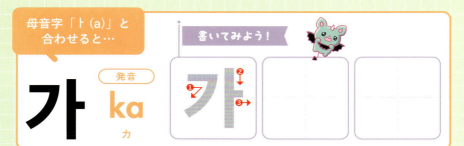

母音字「ㅏ(a)」と合わせると…

가 　発音　ka　カ

書いてみよう！

母音字「ㅑ(ya)」と合わせると…

갸 　発音　kya　キャ

書いてみよう！

母音字「ㅓ(ɔ)」と合わせると…

거 　発音　kɔ　コ

書いてみよう！

040

ワンポイントアドバイス

「ㄱ」が左にくる場合、カタカナの「フ」のように縦棒を斜めに書き、「ㄱ」が上にくる場合、横棒と縦棒が90度になるように真っすぐ縦棒を書きます。手書きの場合、구、규、그は子音字と母音字をくっつけます。

3 子音字を書いてみよう②（平音）

041

ㄱ の単語を書いてみよう

「ㄱ」を含む語が２文字目の場合は「g」の音です。

TRACK 014

3 子音字を書いてみよう② (平音)

発音 t/d

タ行（ダ行）で発音する文字です。「ㄷ」を母音字と一緒に書いてみましょう。

TRACK 015

母音字「ㅏ(a)」と合わせると…

다 発音 ta タ

母音字「ㅑ(ya)」と合わせると…

댜 発音 tya ティャ

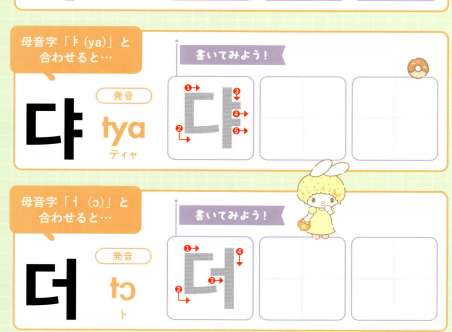

母音字「ㅓ(ɔ)」と合わせると…

더 発音 tɔ ト

ワンポイントアドバイス

手書きの場合、다、댜、디は子音字と母音字をくっつけず少し間をあけましょう。子音字と母音字をくっつけて書く文字は、도と됴のみです。

3 子音字を書いてみよう②（平音）

045

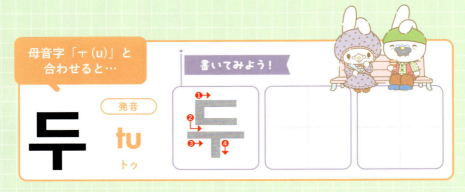
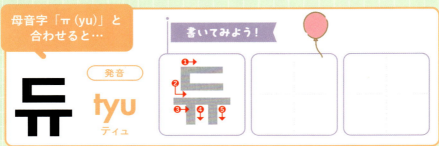

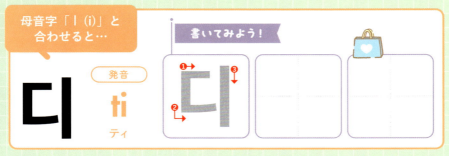

ㄷ の単語を書いてみよう

「ㄷ」が先頭以外に出てきたら「d」の音です。

TRACK 016

子音字（子音）

ㅂ

発音 **p/b**

パ行（バ行）で発音する文字です。「ㅂ」を母音字と一緒に書いてみましょう。

🎵 TRACK 017

母音字「ㅏ(a)」と合わせると…

바 発音 **pa** パ

書いてみよう！

母音字「ㅑ(ya)」と合わせると…

뱌 発音 **pya** ピャ

書いてみよう！

母音字「ㅓ(ɔ)」と合わせると…

버 発音 **pɔ** ポ

書いてみよう！

ワンポイントアドバイス

縦を2本書いてから横を書きます。書き順に気をつけましょう。手書きの場合、ㅐ、ㅕは子音字と母音字をくっつけず少し間をあけましょう。子音字と母音字をくっつけて書く文字は、보と뵤のみです。

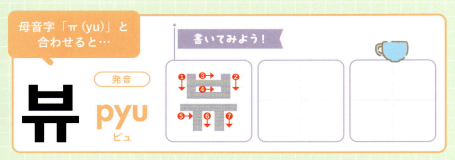
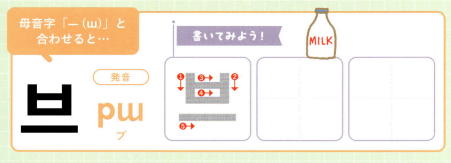

ㅂ の単語を書いてみよう

「ㅂ」を含む語が2文字目の場合は「b」の音です。

🎵 TRACK 018

바다
パダ
意味 海

바 다

햄버거
ヘムボゴ
意味 ハンバーガー

햄 버 거

벽
ピョク
意味 壁

벽

보도
ポド
意味 報道

보 도

별
ピョル
意味 星

별

부부
プブ
意味 夫婦

부 부

뷰티
ピュティ
意味 ビューティー

뷰 티

러브
ロブ
意味 ラブ

러 브

나비
ナビ
意味 蝶

나 비

3 子音字を書いてみよう②（平音）

ㅅ

発音 **s**

サ行で発音する文字です。ザ行はありません。「ㅅ」を母音字と一緒に書いてみましょう。

🎵 TRACK 019

母音字「ㅏ(a)」と合わせると…

사

発音 **sa**
サ

書いてみよう！

母音字「ㅑ(ya)」と合わせると…

샤

発音 **sya**
シャ

書いてみよう！

母音字「ㅓ(ɔ)」と合わせると…

서

発音 **sɔ**
ソ

書いてみよう！

ワンポイントアドバイス

漢字の「人」と同じように書きます。子音字と母音字をくっつけて書く文字はありません。子音字が上にある場合は、母音字の横棒とのバランスを考えて書くときれいに見えます。

3 子音字を書いてみよう②（平音）

母音字「ㅕ(yo)」と合わせると…

셔

発音 **syo** ショ

書いてみよう！

母音字「ㅗ(o)」と合わせると…

소

発音 **so** ソ

書いてみよう！

母音字「ㅛ(yo)」と合わせると…

쇼

発音 **syo** ショ

書いてみよう！

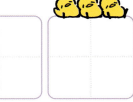

母音字「ㅜ(u)」と合わせると…	書いてみよう！

수 発音 **su** ス

母音字「ㅠ(yu)」と合わせると…	書いてみよう！

슈 発音 **syu** シュ

母音字「ㅡ(ɯ)」と合わせると…	書いてみよう！

스 発音 **sɯ** ス

母音字「ㅣ(i)」と合わせると…	書いてみよう！

시 発音 **si** シ

054

ㅅ の単語を書いてみよう

「ㅅ」を含む語はどの場所に出てきても「s」の音です。

🎵 TRACK 020

사탕 サタン
意味: 飴

사 탕

샤워 シャウォ
意味: シャワー

샤 워

서랍 ソラプ
意味: 引き出し

서 랍

셔츠 ショチュ
意味: シャツ

셔 츠

소 ソ
意味: 牛

소

쇼핑 ショピン
意味: ショッピング

쇼 핑

가수 カス
意味: 歌手

가 수

슈가 シュガ
意味: シュガー

슈 가

버스 ポス
意味: バス

버 스

3 子音字を書いてみよう② (平音)

子音字（子音）

ㅈ

発音 tʃ/dʒ

チャ行（ヂャ行）で発音する文字です。「ㅈ」を母音字と一緒に書いてみましょう。

🎵 TRACK 021

母音字「ㅏ(a)」と合わせると…

자

発音 tʃa
チャ

書いてみよう！

母音字「ㅑ(ya)」と合わせると…

쟈

発音 tʃya
チャ

書いてみよう！

母音字「ㅓ(ɔ)」と合わせると…

저

発音 tʃɔ
チョ

書いてみよう！

ワンポイントアドバイス

ㅈを手書きで書くときにはスとします。子音字と母音字をくっつけて書く文字はありません。子音字が上にある場合は、母音字の横棒とのバランスを考えて書くときれいに見えます。

3 子音字を書いてみよう②（平音）

母音字「ㅓ(yɔ)」と合わせると…

져　発音 tʃɔ　チョ

書いてみよう！

母音字「ㅗ(o)」と合わせると…

조　発音 tʃo　チョ

書いてみよう！

母音字「ㅛ(yo)」と合わせると…

죠　発音 tʃyo　チョ

書いてみよう！

057

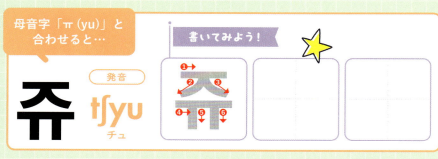

ㅈ の単語を書いてみよう

「ㅈ」を含む語が先頭以外に出てきたら「ヂ（dʒ）」の音です。

🎵 TRACK 022

자리
チャリ
意味　席

자 리

저
チョ
意味　私

저

멋져요
モッチョヨ
意味　すてきです

멋 져 요

조미료
チョミリョ
意味　調味料

조 미 료

그죠?
クヂョ
意味　そうですよね？

그 죠

주소
チュソ
意味　住所

주 소

짐
チム
意味　荷物

짐

렌즈
レンヂュ
意味　レンズ

렌 즈

아버지
アボヂ
意味　父

아 버 지

3　子音字を書いてみよう②（平音）

子音字（子音）

発音 h

ハ行で発音する文字です。「ㅎ」を母音字と一緒に書いてみましょう。

TRACK 023

母音字「ㅏ(a)」と合わせると…

하 発音 ha ハ

書いてみよう！

母音字「ㅑ(ya)」と合わせると…

햐 発音 hya ヒャ

書いてみよう！

母音字「ㅓ(ɔ)」と合わせると…

허 発音 hɔ ホ

書いてみよう！

060

ワンポイントアドバイス

ㅎの下の丸い部分は、きれいな○を描きます。
手書きの場合、上の短い横棒を少し右下がりにするときれいに見えます。

3 子音字を書いてみよう②(平音)

母音字「ㅕ(yɔ)」と合わせると…

発音
hyɔ
ヒョ

書いてみよう！

母音字「ㅗ(o)」と合わせると…

発音
ho
ホ

書いてみよう！

母音字「ㅛ(yo)」と合わせると…

発音
hyo
ヒョ

書いてみよう！

061

母音字「ㅜ(u)」と合わせると…	書いてみよう！		
후 発音 hu フ			

母音字「ㅠ(yu)」と合わせると…	書いてみよう！		
휴 発音 hyu ヒュ			

母音字「ㅡ(ɯ)」と合わせると…	書いてみよう！		
흐 発音 hɯ フ			

母音字「ㅣ(i)」と合わせると…	書いてみよう！		
히 発音 hi ヒ			

062

ㅎ の単語を書いてみよう

「ㅎ」はどの場所に出てきても「h」の音です。

🎵 TRACK 024

하나
ハ ナ
意味: ひとつ

하 나

향수
ヒャン ス
意味: 香水

향 수

허리
ホ リ
意味: 腰

허 리

혀
ヒョ
意味: 舌

혀

호두
ホ ドゥ
意味: くるみ

호 두

효자
ヒョヂャ
意味: 孝行息子

효 자

오후
オ フ
意味: 午後

오 후

휴지
ヒュヂ
意味: ちりがみ

휴 지

흐림
フリム
意味: 曇り

흐 림

3 子音字を書いてみよう② (平音)

チャレンジ
サンリオキャラクターズを ハングルで書いてみよう！

헬로키티
ハロキティ

| 헬 | 로 | 키 | 티 |

시나모롤
シナモロル

| 시 | 나 | 모 | 롤 |

쿠로미
クロミ

| 쿠 | 로 | 미 |

포차코
ポチャコ

| 포 | 차 | 코 |

CHAPTER 4
子音字を書いてみよう③
(激音、濃音)

지지 마!

지지 마! … 「負けないで!」という意味を持つ言葉。지다(負ける)に、禁止の表現 -지 마 (〜するな)を続けます。親しい人に対して応援の気持ちを力強く伝えましょう。

子音字（激音）

発音 k^h

息を吐きながらカ行で発音する文字です。「ㅋ」を母音字と一緒に書いてみましょう。

♪ TRACK 025

母音字「ㅏ(a)」と合わせると…

카 発音 $k^h a$ カ

書いてみよう！

母音字「ㅑ(ya)」と合わせると…

캬 発音 $k^h ya$ キャ

書いてみよう！

母音字「ㅓ(ɔ)」と合わせると…

커 発音 $k^h ɔ$ コ

書いてみよう！

ワンポイントアドバイス

ヲが左にくる場合、「フ」のように縦を斜めに書き、上にくる場合は、まっすぐ縦棒をおろします。手書きの場合、ㅋ、ㅋ、ㅋは子音字と母音字をくっつけて書きましょう。

ㅋ の単語を書いてみよう

「ㅋ」は強い息を伴う「カ行」の音です。

TRACK 026

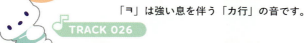

카드
カドゥ

意味: カード

카 드

커요
コ ヨ

意味: 大きいです

커 요

커피
コ ピ

意味: コーヒー

커 피

켜요
キョ ヨ

意味: 灯します

켜 요

코
コ

意味: 鼻

코

도쿄
ト キョ

意味: 東京

도 쿄

쿠키
ク キ

意味: クッキー

쿠 키

아이큐
ア イ キュ

意味: IQ、知能指数

아 이 큐

크기
ク ギ

意味: 大きさ

크 기

4 子音字を書いてみよう③（激音、濃音）

子音字（激音） ㅌ

発音 tʰ

息を吐きながらタ行で発音する文字です。「ㅌ」を母音字と一緒に書いてみましょう。

TRACK 027

母音字「ㅏ(a)」と合わせると…

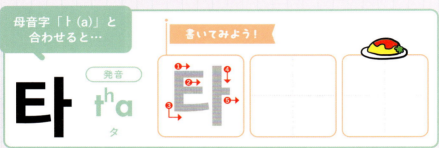

타 発音 tʰa タ

書いてみよう！

母音字「ㅑ(ya)」と合わせると…

탸 発音 tʰya ティャ

書いてみよう！

母音字「ㅓ(ɔ)」と合わせると…

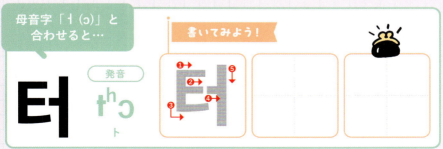

터 発音 tʰɔ ト

書いてみよう！

ワンポイントアドバイス

1画目と2画目は左から右に横棒を書き、3画目は└を書きます。手書きの場合、타、탸、티は子音字と母音字をくっつけず少し間をあけましょう。子音字と母音字をくっつけて書く文字は、토と툐のみです。

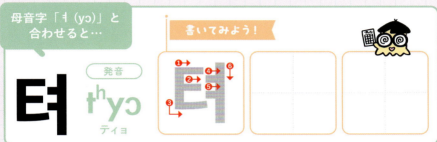

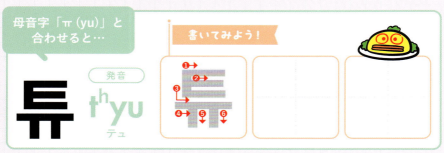

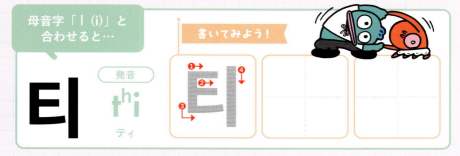

ㅌ の単語を書いてみよう！

「ㅌ」は強い息を伴う「タ行」の音です。

TRACK 028

타요
タヨ

意味 乗ります

타 요

버터
ポト

意味 バター

버 터

버텨요
ポティョヨ

意味 辛抱しましょう

버 텨 요

토요일
トヨイル

意味 土曜日

토 요 일

투어
トゥオ

意味 ツアー

투 어

유튜버
ユテュボ

意味 ユーチューバー

유 튜 버

마트
マトゥ

意味 マート

마 트

티브이
ティブイ

意味 テレビ

티 브 이

티켓
ティケッ

意味 チケット

티 켓

4 子音字を書いてみよう③（激音、濃音）

073

子音字（激音）

ㅍ

発音 p^h

息を吐きながらパ行で発音する文字です。「ㅍ」を母音字と一緒に書いてみましょう。

TRACK 029

母音字「ㅏ(a)」と合わせると…

파 発音 $p^h a$
パ

書いてみよう！

母音字「ㅑ(ya)」と合わせると…

퍄 発音 $p^h ya$
ピャ

書いてみよう！

母音字「ㅓ(ɔ)」と合わせると…

퍼 発音 $p^h ɔ$
ポ

書いてみよう！

ワンポイントアドバイス

手書きの場合、子音字と母音字をくっつけて書く文字は、퍼と표のみです。

母音字「ㅕ(yo)」と合わせると…

発音 p^{h}yɔ ピョ

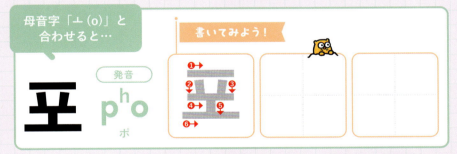

母音字「ㅗ(o)」と合わせると…

発音 p^{h}o ポ

母音字「ㅛ(yo)」と合わせると…

発音 p^{h}yo ピョ

母音字「ㅜ(u)」と合わせると…

푸 発音 pʰu ブ

書いてみよう！

母音字「ㅠ(yu)」と合わせると…

퓨 発音 pʰyu ピュ

書いてみよう！

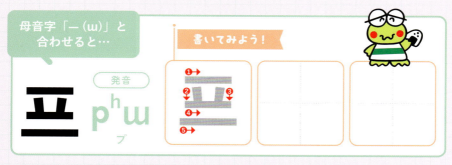

母音字「ㅡ(ɯ)」と合わせると…

프 発音 pʰɯ プ

書いてみよう！

母音字「ㅣ(i)」と合わせると…

피 発音 pʰi ピ

書いてみよう！

PYON

076

ㅍ の単語を書いてみよう

「ㅍ」は強い息を伴う「パ行」の音です。

🎵 TRACK 030

파
パ

意味　ねぎ

파

퍼즐
ポヂュル

意味　パズル

퍼 즐

평일
ピョンイル

意味　平日

평 일

포도
ポ ド

意味　ぶどう

포 도

우표
ウ ピョ

意味　切手

우 표

푸딩
プ ディン

意味　プリン

푸 딩

컴퓨터
コンピュト

意味　パソコン

컴 퓨 터

점프
チョム プ

意味　ジャンプ

점 프

피아노
ピアノ

意味　ピアノ

피 아 노

4　子音字を書いてみよう③（激音、濃音）

077

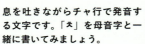

息を吐きながらチャ行で発音する文字です。「ㅊ」を母音字と一緒に書いてみましょう。

TRACK 031

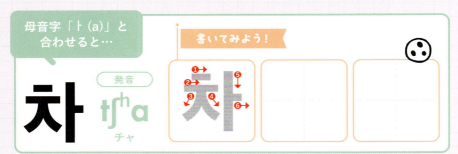

母音字「ㅏ(a)」と合わせると…

차 　発音 tʃʰa チャ

書いてみよう！

母音字「ㅑ(ya)」と合わせると…

챠 　発音 tʃʰya チャ

書いてみよう！

母音字「ㅓ(ɔ)」と合わせると…

처 　発音 tʃʰɔ チョ

書いてみよう！

ワンポイントアドバイス

ㅊを手書きで書くときにはえとします。
子音字と母音字をくっつけて書く文字はありません。

079

ㅊ の単語を書いてみよう

「ㅊ」は強い息を伴う「チャ行」の音です。

TRACK 032

차 チャ	상처 サンチョ	식초 シクチョ
意味: お茶	意味: 傷	意味: 酢
차	상 처	식 초

초콜릿 チョコルリッ	고추 コ チュ	스포츠 ス ポ チュ
意味: チョコレート	意味: 唐辛子	意味: スポーツ
초 콜 릿	고 추	스 포 츠

부츠 プ チュ	치즈 チ ヂュ	치료 チ リョ
意味: ブーツ	意味: チーズ	意味: 治療
부 츠	치 즈	치 료

子音字（濃音）

ㄲ

発音 ˀk

息を詰まらせてカ行で発音する文字です。「ㄲ」を母音字と一緒に書いてみましょう。

🎵 TRACK 033

母音字「ㅏ(a)」と合わせると…

까
発音 ˀka
ッカ

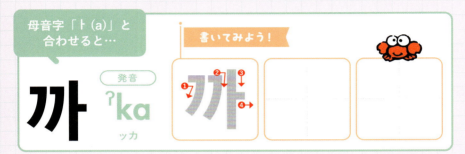

書いてみよう！

母音字「ㅑ(ya)」と合わせると…

꺄
発音 ˀkya
ッキャ

書いてみよう！

母音字「ㅓ(ɔ)」と合わせると…

꺼
発音 ˀkɔ
ッコ

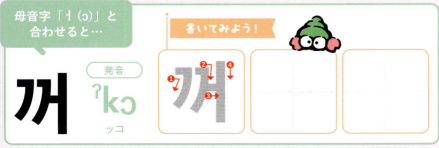

書いてみよう！

ワンポイントアドバイス

ㄱの時と同じく、ㄲを書きます。ㄱはつなげないで、小さく並べて書きましょう。手書きの場合、ㄲ、ㄲは子音字と母音字をくっつけません。子音字と母音字をくっつけて書く文字は꾸、뀨、끄のみです。

ㄲ の単語を書いてみよう

「ㄲ」は詰まった「カ行」の音です。

🎵 TRACK 034

아까
アッカ
意味：さっき

아 까

꺄르르
ッキャル ル
意味：きゃはは（笑い声）

꺄 르 르

꺼요
ッコ ヨ
意味：消します

꺼 요

껴안다
ッキョ アン タ
意味：ぎゅっと抱きしめる

껴 안 다

꼬리
ッコ リ
意味：しっぽ

꼬 리

자꾸
チャック
意味：しきりに

자 꾸

끄덕
ックドク
意味：こっくり（うなずくようす）

끄 덕

낄낄
ッキルッキル
意味：くすくす（小さな笑い声）

낄 낄

토끼
トッキ
意味：うさぎ

토 끼

4 子音字を書いてみよう③（激音、濃音）

子音字(濃音) ㄸ

発音 ?t

息を詰まらせてタ行で発音する文字です。「ㄸ」を母音字と一緒に書いてみましょう。

♪ TRACK 035

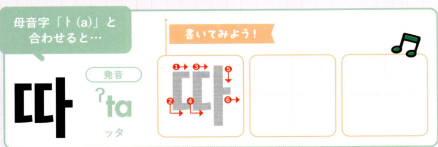

母音字「ㅏ(a)」と合わせると…

따 発音 ?ta ッタ

書いてみよう！

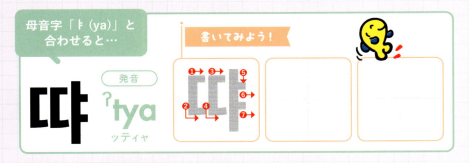

母音字「ㅑ(ya)」と合わせると…

땨 発音 ?tya ッティャ

書いてみよう！

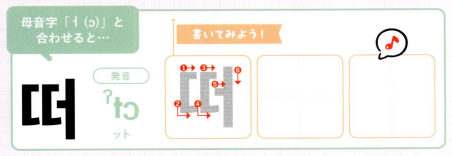

母音字「ㅓ(ɔ)」と合わせると…

떠 発音 ?tɔ ット

書いてみよう！

ワンポイントアドバイス

ㄷをつなげないで、小さく並べて書きましょう。手書きの場合、떠、또、뚀は子音字と母音字をくっつけず少し間をあけましょう。子音字と母音字をくっつけて書く文字はありません。

4 子音字を書いてみよう③（激音、濃音）

母音字「ㅓ(yo)」と合わせると…

떠　発音 ?tyˇ　ッティョ

書いてみよう！

母音字「ㅗ(o)」と合わせると…

또　発音 ?to　ット

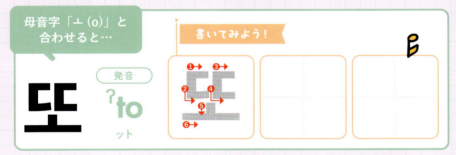

書いてみよう！

母音字「ㅛ(yo)」と合わせると…

뚀　発音 ?tyo　ッティョ

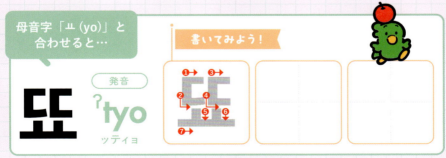

書いてみよう！

087

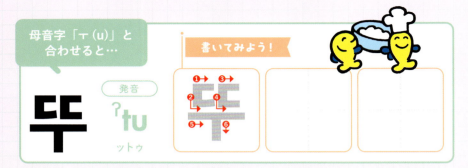
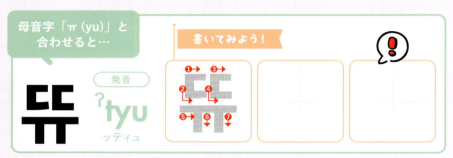
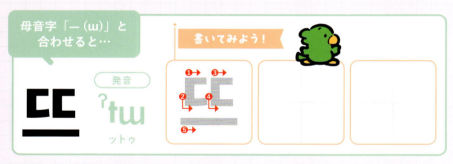
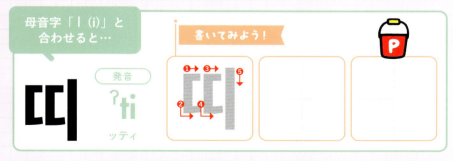

ㄸ の単語を書いてみよう

「ㄸ」は詰まった「タ行」の音です。

🎵 TRACK 036

이따가
イッタガ

意味 後で

이따가

딸
ッタル

意味 娘

딸

떡
ットク

意味 餅

떡

어떡해
オットケ

意味 どうしよう

어떡해

또
ット

意味 また

또

오뚜기
オットゥギ

意味 だるま

오뚜기

뚜껑
ットゥッコン

意味 ふた

뚜껑

뜨거워
ットゥ ゴ ウォ

意味 熱い

뜨거워

머리띠
モ リ ッティ

意味 ヘアーバンド

머리띠

4 子音字を書いてみよう③（激音、濃音）

子音字（濃音）

発音 ?p

息を詰まらせてパ行で発音する文字です。「ㅃ」を母音字と一緒に書いてみましょう。

TRACK 037

母音字「ㅏ(a)」と合わせると…

発音 ?pa
ッパ

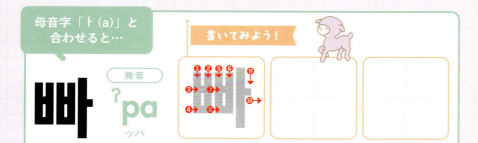

書いてみよう！

母音字「ㅑ(ya)」と合わせると…

発音 ?pya
ッピャ

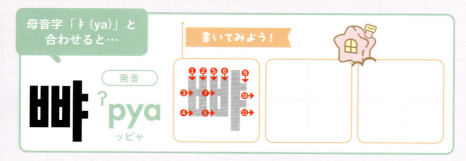

書いてみよう！

母音字「ㅓ(ɔ)」と合わせると…

発音 ?pɔ
ッポ

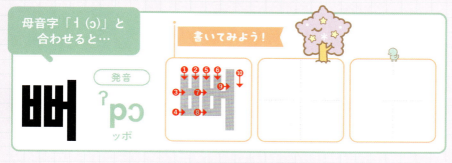

書いてみよう！

090

ワンポイントアドバイス

ㅂをつなげないで、小さく並べて書きましょう。手書きの場合、뼈、뼈は子音字と母音字をくっつけず少し間をあけましょう。子音字と母音字をくっつけて書く文字は、뽀と뾰のみです。

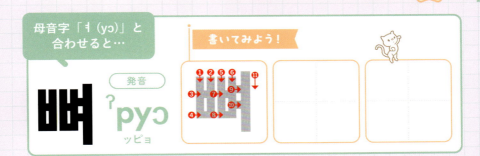

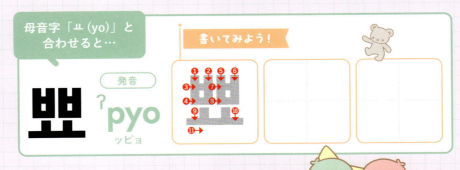

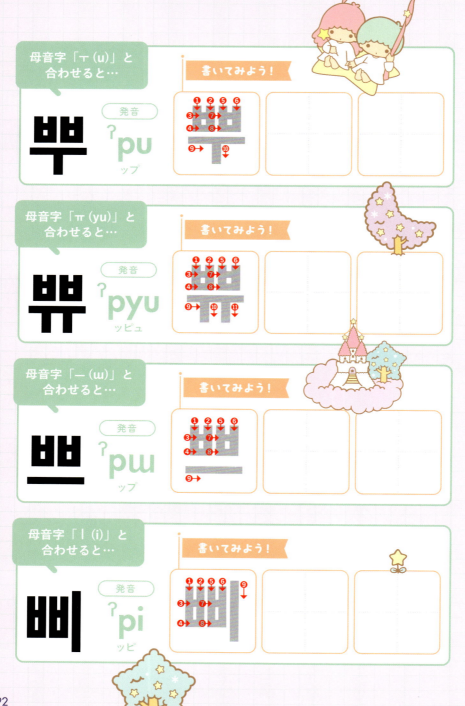

ㅃ の単語を書いてみよう

「ㅃ」は詰まった「パ行」の音です。

TRACK 038

아빠
アッパ

意味 パパ

아 빠

오빠
オッパ

意味 お兄さん（年下の女性から）

오 빠

뺨
ッピャム

意味 頬

뺨

기뻐요
キッポヨ

意味 嬉しいです

기 뻐 요

뼈
ッピョ

意味 骨

뼈

뽀뽀
ッポッポ

意味 チュー（口づけ）

뽀 뽀

뿌리
ッブリ

意味 根

뿌 리

바쁘다
パップダ

意味 忙しい

바 쁘 다

나쁘다
ナップダ

意味 悪い

나 쁘 다

4 子音字を書いてみよう③（激音、濃音）

発音 ˀs

息を詰まらせてサ行で発音する文字です。「ㅆ」を母音字と一緒に書いてみましょう。

♪ TRACK 039

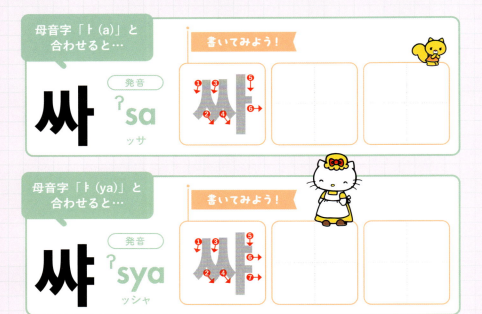

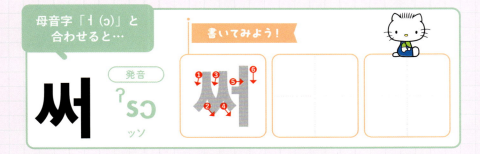

ワンポイントアドバイス

ㅅをつなげないで、小さく並べて書きましょう。
子音字と母音字をくっつけて書く文字はありません。

母音字「ㅜ(u)」と合わせると…

쑤 発音 ?su ッス

書いてみよう！

母音字「ㅠ(yu)」と合わせると…

쓔 発音 ?syu ッシュ

書いてみよう！

母音字「ㅡ(ɯ)」と合わせると…

쓰 発音 ?sɯ ッス

書いてみよう！

母音字「ㅣ(i)」と合わせると…

씨 発音 ?si ッシ

書いてみよう！

ㅆ の単語を書いてみよう

「ㅆ」は詰まった「サ行」の音です。

TRACK 040

비싸요
ピッサヨ

意味
（値段が）高いです

비 싸 요

싸움
ッサウム

意味
けんか

싸 움

써요
ッソヨ

意味
書きます

써 요

쏙쏙
ッソクッソク

意味
ぐいっと

쏙 쏙

쑥
ッスク

意味
よもぎ

쑥

쑤셔요
ッスショヨ

意味
ズキズキ痛みます

쑤 셔 요

쓰다
ッスダ

意味
苦い

쓰 다

씨앗
ッシアッ

意味
たね

씨 앗

씨름
ッシルム

意味
朝鮮相撲

씨 름

097

子音字（濃音）

発音 ʔtʃ

息を詰まらせてチャ行で発音する文字です。「ㅉ」を母音字と一緒に書いてみましょう。

🎵 TRACK 041

母音字「ㅏ(a)」と合わせると…

発音 ʔtʃa
ッチャ

書いてみよう！

母音字「ㅑ(ya)」と合わせると…

発音 ʔtʃya
ッチャ

書いてみよう！

母音字「ㅓ(ɔ)」と合わせると…

発音 ʔtʃɔ
ッチョ

書いてみよう！

ワンポイントアドバイス

手書きの場合、ㅉ、ㅊは子音字と母音字をくっつけず少し間をあけましょう。子音字と母音字をくっつけて書く文字はありません。

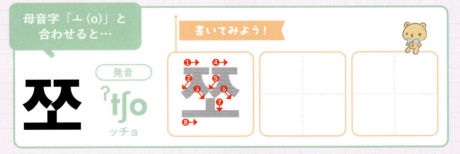

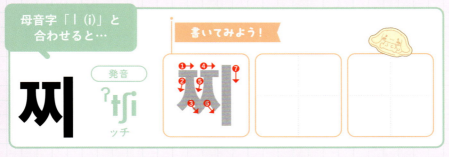

ㅉ の単語を書いてみよう

「ㅉ」は詰まった「チャ行」の音です。

TRACK 042

짜요
ッチャ ヨ

意味：塩辛いです

짜 요

짜증
ッチャヂュン

意味：いら立ち

짜 증

어쩌지
オ ッチョ ヂ

意味：どうしよう

어 쩌 지

쭈꾸미
ッチュック ミ

意味：いいだこ

쭈 꾸 미

쭈르륵
ッチュ ル ルク

意味：ぽたぽた

쭈 르 륵

쮸쮸
ッチュッチュ

意味：おしゃぶり

쮸 쮸

지금쯤
チ グ ムッチュム

意味：今頃

지 금 쯤

팔찌
パルッチ

意味：ブレスレット

팔 찌

찌개
ッチ ゲ

意味：チゲ（鍋）

찌 개

4 子音字を書いてみよう③（激音、濃音）

サンリオキャラクターズを ハングルで書いてみよう!

폼폼푸린
ポムポム プリン

| 폼 | 폼 | 푸 | 린 |

한교동
ハンギョドン

| 한 | 교 | 동 |

턱시도샘
トクシ ド セム

| 턱 | 시 | 도 | 샘 |

페클
ペククル

| 페 | 클 |

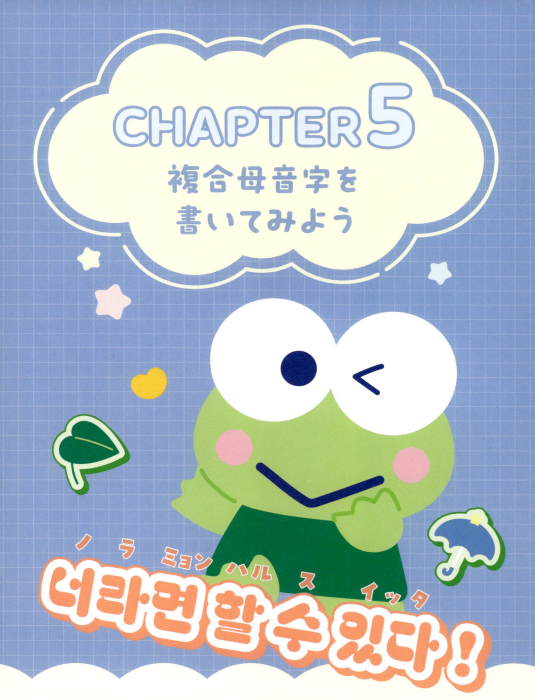

너라면 할 수 있다! …「君ならできる!」という意味を持つ言葉。とても親しい友人に使う応援フレーズで、「あなたならきっとできる。」という信頼感を表す気持ちで使いましょう。

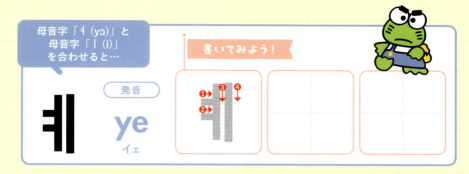

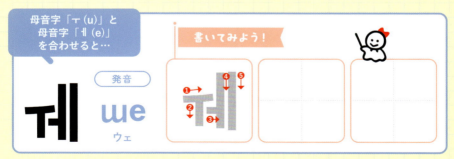

＊ㅙ、ㅚ、ㅞは実際には同じ発音です。

105

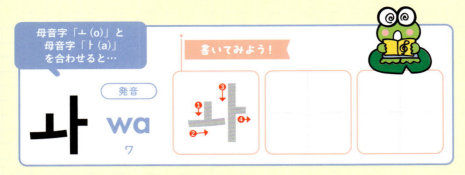

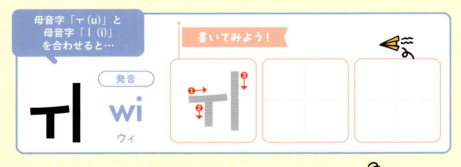
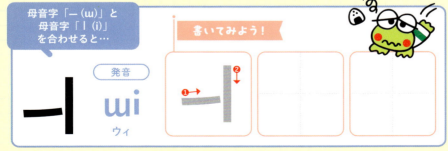

複合母音字の単語を書いてみよう

🎵 TRACK 044

애
エ

意味 子ども （아이の縮約形）

| 애 |

제일
チェイル

意味 一番、最も

| 제 | 일 |

얘기
イェギ

意味 話 （이야기の縮約形）

| 얘 | 기 |

예약
イェヤク

意味 予約

| 예 | 약 |

돼지
トゥェヂ

意味 ブタ

| 돼 | 지 |

외부
ウェブ

意味 外部

| 외 | 부 |

훼방
フェバン

意味 妨害、妨げること

| 훼 | 방 |

와요
ワヨ

意味 来ます

| 와 | 요 |

샤워
シャウォ

意味 シャワー

| 샤 | 워 |

107

마이멜로디
マイメルロディ

| 마 | 이 | 멜 | 로 | 디 |

리틀트윈스타
リトゥルトゥウィンスタ

| 리 | 틀 | 트 | 윈 | 스 | 타 |

배드바츠마루
ベドゥバチュマル

| 배 | 드 | 바 | 츠 | 마 | 루 |

케로케로케로피
ケロケロケロピ

| 케 | 로 | 케 | 로 | 케 | 로 | 피 |

CHAPTER 6
パッチムを書いてみよう

힘내!

힘내!…「がんばれ!」という意味を持つ言葉。直訳すると힘(力)を내(出して)という応援フレーズ。힘내は親しい間柄で使用され、目上の人には힘내세요を使います。

詰まる（口音）パッチム

今まで学んだ子音（口音）ㄱ、ㄷ、ㅂ、ㅅ、ㅈ、ㅊ、ㅋ、ㅌ、ㅍ、ㅎ、ㄲ、ㅆ（ㅃ、ㄸ、ㅉはパッチムになりません）が、パッチムの位置にくると3つの音に分かれます。練習してみましょう。

🎵 TRACK 045

ㄱ型 〔ᵏ〕

ㄱ、ㄲ、ㅋがパッチムの位置にくると、詰まった「ク」の音で読みます。はっきり「ク」という直前に音を止めるので、唇は自然と開いて発音を終えます。

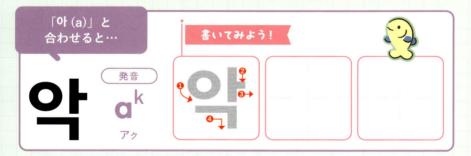

「아(a)」と合わせると…　악　発音 aᵏ　アク　書いてみよう！

「이(i)」と合わせると…　익　発音 iᵏ　イク　書いてみよう！

110

ㄷ型 〔ᵗ〕

ㄷ、ㅌ、ㅅ、ㅆ、ㅈ、ㅊ、ㅎがパッチムの位置にくると、詰まった「ッ」の音で読みます。はっきり「ツ」という直前に音を止めるので、舌先が上の前歯の裏か歯茎に触れて発音を終えます。

> ㅂ型 〔ᵖ〕

ㅂ、ㅍがパッチムの位置にくると、詰まった「プ」の音で読みます。はっきり「プ」という直前に音を止めるので唇を閉じて発音を終えます。

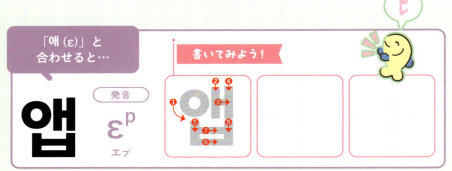

口音のパッチムの単語を書いてみよう

🎵 TRACK 046

입 イプ	밥 パプ	무릎 ムルプ
意味: 口	意味: ご飯	意味: 膝（ひざ）
입	밥	무 릎

책 チェク	밖 パク	부엌 プオク
意味: 本	意味: 外	意味: 台所
책	밖	부 엌

끝 ックッ	옷 オッ	빛 ピッ
意味: 終わり	意味: 服	意味: 光
끝	옷	빛

6 パッチムを書いてみよう

複合パッチム

2つの子音字からなるパッチムは、どちらか1つを代表音として選んで読みます。
概ね、左側を読み、例外の4つだけが右側を読みます。

ㄱㅅ、ㄴㅈ、ㄴㅎ、ㄹㅂ、ㄹㅅ、ㄹㅌ、ㄹㅎ、ㅂㅅ	左の子音字を読む
ㄹㄱ、ㄹㅁ、ㄹㅍ、밟다（踏む）のみ	右の子音字を読む

♪ TRACK 047

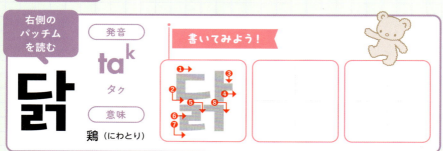

右側のパッチムを読む
発音 ta^k
タク
意味 鶏（にわとり）

左側のパッチムを読む
発音 mo^k
モク
意味 分け前

左側のパッチムを読む
発音 ka^p
カプ
意味 値

パッチムのまとめ

パッチムの音は全部で7つあり、□で囲んでいるのが代表の文字です。

パッチムの種類

発音するときの口の形	詰まる音（口音）	響く音（鼻音・流音）
口が自然に開く	ㄱ [k]　ㄲ、ㅋ、ㄳ、ㄺ	ㅇ [ŋ]
舌を歯茎につける	ㄷ [t]　ㅌ、ㅈ、ㅊ、ㅅ、ㅆ、ㅎ	ㄴ [n]　ㄵ、ㄶ
		ㄹ [l]　ㄼ、ㄽ、ㅀ
唇を閉じる	ㅂ [p]　ㅍ、ㅄ、ㄿ、밟다(踏む)	ㅁ [m]　ㄻ

6 パッチムを書いてみよう

★ 発音のコツ♪

- パッチムは1文字1拍で発音します。例 각はカク〔kaku〕ではなくカク〔ka^k〕
- 「口が自然に開く」とは、上あごの奥を舌の奥でふさぐようにするため、唇は自然と開いて発音を終える、詰まる音のㄱ〔k〕と、鼻から息を抜きながらㅇ〔ŋ〕を発音するときの口の形です。
- 「舌を歯茎につける」とは、舌先を上歯の裏の歯茎に触れたまま発音を終え、詰まる音のㄷ〔t〕と、息を出しながら発音するㄴ〔n〕と、ㄹ〔l〕を発音するときの口の形です。
- 「唇を閉じる」とは、唇を閉じて発音を終え、詰まる音のㅂ〔p〕と、鼻から息を抜きながらㅁ〔m〕を発音するときの口の形です。

日本語のハングル表記

かな	ハングル	
	1文字目	2文字目以降
ア イ ウ エ オ	아 이 우 에 오	
カ キ ク ケ コ	가 기 구 게 고	카 키 쿠 케 코
サ シ ス セ ソ	사 시 스 세 소	
タ チ ツ テ ト	다 지 쓰 데 도	타 치 쓰 테 토
ナ ニ ヌ ネ ノ	나 니 누 네 노	
ハ ヒ フ ヘ ホ	하 히 후 헤 호	
マ ミ ム メ モ	마 미 무 메 모	
ヤ ユ ヨ	야 유 요	
ラ リ ル レ ロ	라 리 루 레 로	
ワ ヲ	와 오	
ン	ㄴ	
ッ	ㅅ	
ガ ギ グ ゲ ゴ	가 기 구 게 고	
ザ ジ ズ ゼ ゾ	자 지 즈 제 조	
ダ ヂ ヅ デ ド	다 지 즈 데 도	
バ ビ ブ ベ ボ	바 비 부 베 보	
パ ピ プ ペ ポ	파 피 푸 페 포	
キャ キュ キョ	갸 규 교	캬 큐 쿄
シャ シュ ショ	샤 슈 쇼	
チャ チュ チョ	자 주 조	차 추 초
ニャ ニュ ニョ	냐 뉴 뇨	
ヒャ ヒュ ヒョ	햐 휴 효	
ミャ ミュ ミョ	먀 뮤 묘	
リャ リュ リョ	랴 류 료	
ギャ ギュ ギョ	갸 규 교	
ジャ ジュ ジョ	자 주 조	
ヂャ ヂュ ヂョ	자 주 조	
ビャ ビュ ビョ	뱌 뷰 뵤	
ピャ ピュ ピョ	퍄 퓨 표	

日本語の「かな」５０音をハングルで表記する際のポイントは以下の通りです。

● ア、イ、ウ、エ、オの各段は基本ㅏ、ㅣ、ㅜ、ㅔ、ㅗで表す。
（例外は「ス」스、「ツ」쓰、「ズ、ヅ」즈の場合「ㅡ」になる）

> 例 うえだ みそら 우에다 미소라

● ザ、ジ、ズ、ゼ、ゾにあたる韓国語は「ㅈ」で表す。

> 例 すずき かずま 스즈키 가즈마

● 先頭の清音は平音で、先頭以外の清音は激音で表す。

> 例 こばやし ゆみこ 고바야시 유미코

● 濁音は語頭、語中にかかわらず平音で表す。

> 例 ごとう だいすけ 고토 다이스케

● 撥音「ん」はパッチム「ㄴ」で表す。

> 例 こんどう まりん 곤도 마린

● 促音「っ」はパッチム「ㅅ」で表す。

> 例 ほった りょうへい 홋타 료헤이

● 長母音は表記しない。

> 例 さとう みか 사토 미카

自分の名前を書いてみましょう。

117

「ハングル」の表

母音 / 子音	ㅏ	ㅑ	ㅓ	ㅕ	ㅗ	ㅛ	ㅜ	ㅠ	ㅡ	ㅣ
	[a]	[ya]	[ɔ]	[yɔ]	[o]	[yo]	[u]	[yu]	[ɯ]	[i]
ㄱ	가	갸	거	겨	고	교	구	규	그	기
[k/g]	カ	キャ	コ	キョ	コ	キョ	ク	キュ	ク	キ
ㄴ	나	냐	너	녀	노	뇨	누	뉴	느	니
[n]	ナ	ニャ	ノ	ニョ	ノ	ニョ	ヌ	ニュ	ヌ	ニ
ㄷ	다	댜	더	뎌	도	됴	두	듀	드	디
[t/d]	タ	ティャ	ト	ティョ	ト	ティョ	トゥ	ティュ	トゥ	ティ
ㄹ	라	랴	러	려	로	료	루	류	르	리
[r]	ラ	リャ	ロ	リョ	ロ	リョ	ル	リュ	ル	リ
ㅁ	마	먀	머	며	모	묘	무	뮤	므	미
[m]	マ	ミャ	モ	ミョ	モ	ミョ	ム	ミュ	ム	ミ
ㅂ	바	뱌	버	벼	보	뵤	부	뷰	브	비
[p/b]	パ	ピャ	ポ	ピョ	ポ	ピョ	プ	ピュ	プ	ピ
ㅅ	사	샤	서	셔	소	쇼	수	슈	스	시
[s]	サ	シャ	ソ	ショ	ソ	ショ	ス	シュ	ス	シ

子音＼母音	ㅏ [a]	ㅑ [ya]	ㅓ [ɔ]	ㅕ [yɔ]	ㅗ [o]	ㅛ [yo]	ㅜ [u]	ㅠ [yu]	ㅡ [ɯ]	ㅣ [i]
ㅇ [ø]	아 ア	야 ヤ	어 オ	여 ヨ	오 オ	요 ヨ	우 ウ	유 ユ	으 ウ	이 イ
ㅈ [tʃ/dʒ]	자 チャ	쟈 チャ	저 チョ	져 チョ	조 チョ	죠 チョ	주 チュ	쥬 チュ	즈 チュ	지 チ
ㅊ [tʃʰ]	차 チャ	챠 チャ	처 チョ	쳐 チョ	초 チョ	쵸 チョ	추 チュ	츄 チュ	츠 チュ	치 チ
ㅋ [kʰ]	카 カ	캬 キャ	커 コ	켜 キョ	코 コ	쿄 キョ	쿠 ク	큐 キュ	크 ク	키 キ
ㅌ [tʰ]	타 タ	탸 ティャ	터 ト	텨 ティョ	토 ト	툐 ティョ	투 トゥ	튜 ティュ	트 トゥ	티 ティ
ㅍ [pʰ]	파 パ	퍄 ピャ	퍼 ポ	펴 ピョ	포 ポ	표 ピョ	푸 プ	퓨 ピュ	프 プ	피 ピ
ㅎ [h]	하 ハ	햐 ヒャ	허 ホ	혀 ヒョ	호 ホ	효 ヒョ	후 フ	휴 ヒュ	흐 フ	히 ヒ

Staff

著者	丹羽裕美
編集協力	株式会社カルチャー・プロ（中村淳一）
	田中ほのか、保谷恵那、野村梓
校正	石川ちえみ、藤塚友理奈、尹 瑞伶
装丁デザイン	西垂水敦・内田裕乃（krran）
本文デザイン	岡部夏実（Isshiki）
DTP	鎌田俊介（Isshiki）
音声収録・編集	一般財団法人 英語教育協議会（ELEC）
企画編集	中村円佳

サンリオキャラクターズと韓国語スタートブック
ハングルを書けるようになろう！

2025年4月29日　第1刷発行

発行人	川畑勝
編集人	安田潤
編集長	野村純也
編集担当	中村円佳
発行所	株式会社 Gakken
	〒141-8416 東京都品川区西五反田2-11-8
印刷所	大日本印刷株式会社
加工所	株式会社大和紙工業

© 2025 SANRIO CO., LTD. TOKYO, JAPAN Ⓗ

【この本に関する各種お問い合わせ先】
・本の内容については、下記サイトのお問い合わせフォームよりお願いします。
　https://www.corp-gakken.co.jp/contact/
・在庫については
　Tel 03-6431-1197（販売部）
・不良品（落丁、乱丁）については
　Tel 0570-000577
　学研業務センター　〒354-0045 埼玉県入間郡三芳町上富279-1
・上記以外のお問い合わせは
　Tel 0570-056-710（学研グループ総合案内）

・本書の無断転載、複製、複写（コピー）、翻訳を禁じます。
・本書を代行業者等の第三者に依頼してスキャンやデジタル化することは、たとえ
　個人や家庭内の利用であっても、著作権法上、認められておりません。
・学研グループの書籍・雑誌についての新刊情報・詳細情報は、下記をご覧ください。
　学研出版サイト https://hon.gakken.jp/